BEI GRIN MACHT SICH IHR WISSEN BEZAHLT

- Wir veröffentlichen Ihre Hausarbeit,
  Bachelor- und Masterarbeit

- Ihr eigenes eBook und Buch -
  weltweit in allen wichtigen Shops

- Verdienen Sie an jedem Verkauf

Jetzt bei www.GRIN.com hochladen
und kostenlos publizieren

Leistungsdiagnostik und Trainingsplan mit Fokus auf den Mesozyklus

Franziska Merath

Bibliografische Information der Deutschen Nationalbibliothek:

Die Deutsche Nationalbibliothek verzeichnet diese Publikation in der Deutschen Nationalbibliografie; detaillierte bibliografische Daten sind im Internet über http://dnb.d-nb.de abrufbar.

ISBN: 9783346909800
Dieses Buch ist auch als E-Book erhältlich.

Das Buch bei GRIN: https://www.grin.com/document/1364655

Deutsche Hochschule für
Prävention und Gesundheitsmanagement
Hermann Neuberger Sportschule 3
66123 Saarbrücken

Einsendeaufgabe

Fachmodul:	Trainingslehre II
Studiengang:	Fitnessökonomie
Datum Präsenzphase:	21.12.2020 – 23.12.2020
Name, Vorname:	Merath, Franziska
Studienort:	**Stuttgart**
Semester:	**WS 19**

Inhaltsverzeichnis

1 DIAGNOSE

1.1 Allgemeine und biometrische Daten

Zu Beginn wird ein Eingangsgespräch mit der Testperson durchgeführt, um alle wichtigen biometrischen sowie allgemeinen Daten zu sammeln und im Anschluss eine optimale kundenorientierte Trainingsplanung durchführen zu können. Hierbei gilt es den aktuellen Ist-Zustand des Kunden zu ermitteln um danach mit Hilfe der richtigen Trainingssteuerung den Soll-Zustand des Kunden anzustreben (Güllich & Krüger, 2013, S. 453).

1.1.1 Erfassung der allgemeinen Daten

Die Tabelle 1 zeigt die in der Anamnese aufgenommenen allgemeinen Daten zur Versuchsperson.

Tab. 1: allgemeine Personendaten (eigene Darstellung)

Alter	28 Jahre
Geschlecht	männlich
Körpergröße	182 cm
Körpergewicht	90 kg
Trainingsmotive	Mehr Bewegung als Ausgleich zur Arbeit, Fit werden für den Alltag
Berufliche Tätigkeit	Bankkaufmann (40 Stunden/Woche, Schreibtischtätigkeit)
Aktuelle/frühere sportliche Aktivitäten	Aktuell: - Einmal die Woche 30 min lockeres Joggen (Outdoor oder Fitnessstudio, seit 1 Monat) Früher: - 5 Jahre lang Eishockey in Hobbymannschaft 2x die Woche 60 min Training (bis vor 5 Jahren) - Leichte Wandertouren mit Freunden im Sommer (leichte Steigungen; max. 120min)
Zeitlicher Verfügungsrahmen	2-3x pro Woche abends maximal 90 min pro Training
Leistungsstufe	Anfänger

1.1.2 Erfassung der biometrischen Daten

In Tabelle 2 werden die biometrischen Personendaten des Probanden detailliert darge-
legt

Tab. 2: Biometrische Personendaten (eigene Darstellung)

Blutdruck systolisch/diastolisch	138/87 mmHg
Ruhepuls	79 S/min
BMI	27,17 kg/m²
Orthopädische oder internistische Probleme	Keine in den letzten 10 Jahren
Einnahme von Medikamenten	Keine in den letzten 5 Jahren
Ärztl. Behandlungen	Keine in den letzten 5 Jahren
Sonstige gesundheitliche Auffälligkeiten	Leichte Verspannungen im Nacken, jedoch keine Notwendigkeit deshalb einen Arzt zu besuchen

1.1.3 Bewertung der Daten im Hinblick auf körperliche Belastbarkeit im Training

Am Anfang der Anamnese wurde der Blutdruck mit Hilfe eines elektronischen Blut-
druckmessgeräts am rechten Oberarm gemessen. Aus dieser Messung resultiert ein sys-
tolischer Wert von 138 mmHg sowie ein diastolischer Wert von 87 mmHg. Diese Werte
beschreiben einen Blutdruck im hochnormalen Bereich (vgl. Tab.3). Der Ruhepuls liegt
mit 79 Schlägen pro Minuten an der oberen Grenze des Normalbereichs (60-80 S/min)
nach Güllich und Krüger (2013, S. 77). Je geringer der Ruhepuls innerhalb des Normbe-
reichs ist, desto effizienter ist die Herzarbeit, was möglichst immer angestrebt werden
sollte.

Des Weiteren sind auch die Daten der Belastbarkeit und Trainierbarkeit nicht ohne Belang. Betrachtet man beispielsweise den Body-Mass-Index (BMI = Körpergewicht in
kg/Körpergröße²) der Person, so liegt diese laut (World Health Organization, 2000)
(vgl. Tab.4) mit einem Wert von 27,17 kg/m² im Bereich des Übergewichts. Da die Versuchsperson früher kein intensives Krafttraining betrieben hat, lässt sich der hohe BMI
nicht auf eine erhöhte Muskelmasse, sondern auf Fettmasse zurückführen. Deshalb wäre
für den Probanden eine Gewichtsreduktion durchaus sinnvoll.

Ferner gibt es keine Einschränkungen hinsichtlich der Trainierbarkeit, da weder internis-
tische, noch orthopädische Beschwerden vorliegen, keinerlei Medikamente eingenom-

men werden und der Kunde keiner ärztliche Behandlung unterliegt. Nur auf das subjektive Empfinden der Nackenbeschwerden sollte während des Trainings geachtet werden und bei eventueller Verschlechterung schnellstmöglich ein Arzt aufgesucht werden, um mögliche Schäden zu verhindern.

Tab. 3: Blutdruckklassifikation der American Heart Association (Mancia et al., 2013, S. 1286)

Bewertungsstufen	Systolischer Blutdruck	Diastolischer Blutdruck
Normblutdruck (Normotonie)		
Optimal	< 120 mmHg	< 80 mmHg
Normal	< 130 mmHg	< 85 mmHg
Hochnormal	130-139 mmHg	85-89 mmHg
Bluthochdruck (arterielle Hypertonie)		
Stufe 1	140-159 mmHg	90-99 mmHg
Stufe 2	160-179 mmHg	100-109 mmHg
Stufe 3	> 180 mmHg	> 110 mmHg

Tab. 4: Beurteilung des Body-Mass-Index für Erwachsene (World Health Organization, 2000)

Klasse	BMI (kg/m^2)
Untergewicht	< 18,5
Normalgewicht	18,5-24,9
Übergewicht	25,0-29,9
Adipositas Grad 1	30,0-34,9
Adipositas Grad 2	35,0-39,9
Adipositas Grad 3	> 40

1.2 Leistungsdiagnostik/ Ausdauertestung

1.2.1 Begründung der Auswahl des Hollmann-Venrath-Tests (H&V-Test)

Zur Beurteilung der Leistungsdiagnostik der Testperson, wurde der H&V-Test ausgewählt, welcher ein etabliertester Fahrradergometertest zur Beurteilung der Ausdauerleistungsfähigkeit ist. Der männliche Proband weist außer einem hochnormalen Blutdruck keinerlei körperliche Einschränkungen auf und wird somit als normal leistungsfähige Person eingestuft. Der Leistungszustand kann eventuell durch den hochnormalen Blutdruck leicht beeinträchtigt sein. Allerdings sollte der Blutdruck durch ein regelmäßiges und angepasstes Ausdauertraining in der Regel hinzu den Normwerten sinken. Der bestimmte Ruhepuls liegt wie bereits erwähnt in einem normalen Bereich und eignet sich somit auch an dieser Stelle optimal für diesen Test, da die vorgegebene Mindestwattzahl von 150 Watt dadurch gut erreicht werden kann. Alternativ hierfür kann der WHO-Test gewählt werden, wobei kritisch betrachtet dieser Test bei dem Probanden zu einer zeitaufwändigeren Leistungsdiagnostik führen. Der WHO-Test kennzeichnet sich durch eine geringe Belastungsintensität und führt meist erst sehr spät an die Pulsobergrenze im Vergleich zum H&V-Test. Der Vita-Maxima-Test kann als Testmöglichkeit ausgeschlossen werden, da die Versuchsperson nicht als ein gut trainierter Sportler angesehen werden kann.

1.2.2   Durchführung des Hollmann-Venrath-Tests

Vor Beginn der Ausdauertestung muss mit Hilfe des IPN-Tests (Trunz, 2001) die Pulsobergrenze berechnet werden. Dieser Wert kann den nachfolgenden Tabellen zur Voreinstufung (Tab.5+6) entnommen werden. Die Pulsobergrenze für die Testperson wurde auf 145 S S/min festgelegt (ohne Aufschlag), was in den Tabellen mit blauer Farbe hinterlegt wurde. Nachfolgend ist diese Obergrenze das entscheidende Kriterium für die Beendigung der Messung.

Tab. 5: Voreinstufung nach Ruheherzfrequenz und Lebensalter (modifiziert nach (Institut für Prävention und Nachsorge, 2004, S. 4; Trunz, 2001)

Alter / Hfmax	<20	20-29	30-39	40-49	50-59	60-69	>70
<50 S/min	140 S/min	135 S/min	130 S/min	125 S/min	115 S/min	110 S/min	105 S/min
50-59 S/min	145 S/min	140 S/min	135 S/min	125 S/min	120 S/min	115 S/min	110 S/min
60-69 S/min	145 S/min	145 S/min	135 S/min	130 S/min	125 S/min	120 S/min	115 S/min
70-79 S/min	150 S/min	**145 S/min**	140 S/min	135 S/min	130 S/min	125 S/min	120 S/min

Tab. 6: Voreinstufung unter zusätzlicher Berücksichtigung der Trainingshäufigkeit ausdauerrelevanter Aktivitäten (Institut für Prävention und Nachsorge, 2004, S. 4; Trunz, 2001)

Trainingszustand	Trainingshäufigkeit/Woche	Stunden/Woche	Pulsaufschlag
Kein Ausdauertraining	/	/	kein Aufschlag
Wenig Ausdauertraining	1-2mal	≤ 1std	kein Aufschlag
Moderates Ausdauertraining	2-3mal	1-2std	Plus 5 S/min
Viel Ausdauertraining	3-4mal	2-4std	Plus 10 S/min
Sehr viel Ausdauertraining	> 4mal	> 4std	Plus 15 S/min

Des Weiteren gilt es folgende Abbruchskriterien zu beachten: Überschreiten der vorher festgelegten Pulsobergrenze, Angina-Pectoris-Symptomatik, Atemnot, starker Hustenreiz unter Belastung, Subjektive Beschwerden/Erschöpfung, Schmerzen, Schwindel, Blässe/kalter Schweiß, Übelkeit. Wenn ein Abbruch erfolgt ist, ist es besonders wichtig die exakte Abbruchsursache und das Befinden des Probanden zu dokumentieren (Steinacker & Liu, Y. & Reißnecker, S., 2002, 228f). Im Folgenden wird die Testperson ihre Ausdauerleistungsfähigkeit auf einem Fahrradergometer unter Beweis stellen. Beginnend mit der Eingangsbelastung von 30 Watt wird alle drei Minuten die Belastungsintensität um 40 Watt gesteigert und minütlich die Herzfrequenz gemessen. Die Wattleistung wird solange gesteigert, bis der Proband die definierte Pulsobergrenze erreicht hat. Wenn es zum Erreichen der Hfmax kommt, bevor die Belastungsstufe geschafft ist, wird eine Zeitinterpolation durchgeführt (Eifler & Kettenis, 2020, 69f; Institut für Prävention und Nachsorge, 2004, S. 8). Hierbei wird berechnet, wieviel Watt der unvollständig durchfahrenen Stufe, der Zeit bis zum Erreichen der Pulsobergrenze entsprechen. Nachfolgend wurde in Tabelle 6 die Testergebnisse des H&V-Tests dokumentiert und ausgewertet.

Tab. 7: Hollmann-Venrath-Test Durchführung (eigene Darstellung)

Testrelevante Parameter			
Geschlecht	Männlich	Eingangsbelastung	30 Watt
Alter	28 Jahre	Belastungssteigerung	40 Watt
Gewicht	90 kg	Pulsobergrenze	145 S/min
Ruhepuls	79 S/min	Stufendauer	3 min
Leistungsstufe	Anfänger	Trittfrequenz	60-80 U/min
Testprotokoll			
Zeit	Belastung	Herzfrequenz 1	Herzfrequenz 2	Herzfrequenz 3
1-3 min	30 Watt	83 S/min	85 S/min	95 S/min
3-6 min	70 Watt	110 S/min	116 S/min	120 S/min
6-9 min	110 Watt	129 S/min	130 S/min	134 S/min
9-12 min	150 Watt	138 S/min	142 S/min	143 S/min
12-15 min	190 Watt	145 S/min		
Auswertung			
Testgröße: Watt-Soll-Leistung		>	Watt/kg Körpergewicht
		>	150 Watt + (1/3x40 Watt) = 163 Watt
		>	163 Watt / 90 kg = 1,81 Watt/kg Körpergewicht

1.2.3 Bewertung der Testergebnisse

Zusammenfassend lässt sich sagen, dass die ersten vier Belastungsstufen vollständig durchfahren werden konnten, da keine der oben genannten Abbruchskriterien während der Durchführung des Tests aufgetreten sind. In der fünften Belastungsstufe wurde nach der ersten Minute die Pulsobergrenze von 145 S/min erreicht und daraufhin der Test abgebrochen. Die ermittelte Watt-Soll-Leistung errechnet sich nun aus der getretenen

Wattleistung dividiert durch das Körpergewicht in Kilogramm (163 Watt/90kg) und beträgt bei dem Probanden 1,81 Watt/kg.

Vergleicht man diesen Wert nun mit den Normwerten des Instituts für Prävention und Nachsorge (siehe Tab.8), so fällt auf, dass die Versuchsperson eine unzureichende Ausdauerleistungsfähigkeit besitzt. Erst ab einer Watt-Soll-Leistung von 2,00 Watt/kg spricht man von einer durchschnittlichen und > 2,40 Watt/kg von einer guten Ausdauerleistungsfähigkeit. Das Ergebnis des H&V-Tests ist insofern von Belang, um nach einem bestimmten Trainingszeitraum mithilfe von Re-Tests nachprüfen zu können, ob der Proband auf dem richtigen Weg ist, seine vorgegebenen Zielsetzungen zu erreichen.

Tab. 8: Normtabelle für submaximale Radergometertests – Relative Watt-Soll-Leistung bei Männern (modifiziert nach (Institut für Prävention und Nachsorge, 2004, S. 8)

Intensität \ Alter	< 30	Bewertung
0,57	1,80	unzureichend
...	...	...
0,6	2,00	∅
0,61	2,20	∅
0,62	2,40	∅
0,63	2,60	gut

1.3 Gesundheits- und Leistungsstatus der Person

Abschließend soll nun auf Hinblick der bereits erhobenen Daten eine Aussage über den Gesundheits- und Leistungszustand der Testperson getroffen werden.

Der Ruhepuls liegt noch im Normbereich, weist aber noch Potenzial nach unten auf. Der Blutdruck befindet sich in einem hochnormalen Bereich, was nicht der Idealfall ist. Jedoch liegt er in keinem der bedenkenswerten Hypertonie-Bereiche und wirkt sich somit nicht negativ auf den Gesundheits- bzw. Leistungsstatus aus. Allerdings wird von einem hochintensiven Ausdauertraining abgeraten, um eventuell auftretende langfristige gesundheitliche Schäden vorzubeugen. Gerade weil die Leistungsfähigkeit der Versuchsperson im Ausdauerbereich noch nicht ausreichend ist (vgl. Ergebnis des H&V-Tests), wird vorerst ein moderates Training empfohlen, um mögliche Überlastungserscheinungen auszuschließen. Somit ist der Leistungsstatus der Testperson mit der eines Anfängers zu vergleichen.

Hinsichtlich der Trainierbarkeit gibt es jedoch keine Einschränkungen, wie in Kapitel 1.1.3 schon erläutert wurde. Zusammenfassend kann man den Probanden als gesund und (moderat bis leicht intensiv) belastbar einstufen.

2 ZIELSETZUNG/ PROGNOSE

Nachfolgend werden die Ziele des Probanden anhand der Anamnese und des Ausdauertests dokumentiert, bewertet und begründet.

2.1 Ziele der Testperson tabellarisch dargestellt

Tab. 9: Zielsetzungen des Probanden (eigene Darstellung)

Inhalt	Ausmaß	Zeit
Verbesserung der Ausdauerleistungsfähigkeit (Watt-Soll-Leistung beim H&V-Test)	von 1,81 Watt/kg zu mindestens 2,00 Watt/kg	12 Wochen
Ruhepulssenkung	5 S/min	10 Wochen
Bewegung auf 150 min/Woche ausweiten	2-3mal die Woche Ausdauertraining (30-60 min)	6 Wochen; möglichst diesen Wert halten

2.2 Bewertung und Begründung der Zielsetzungen

In Tabelle 9 wurden sowohl biometrische, als auch (sport-)motorische Ziele formuliert, die gemeinsam von Trainer und Testperson ausgearbeitet wurden.

Der Hauptwunsch der Versuchsperson ist die Steigerung seiner Ausdauerleistungsfähigkeit, um mindestens im Durchschnitt der Watt-Soll-Leistung seiner Altersklasse zu liegen. Nach 12 Wochen soll sein Ergebnis des H&V-Tests nicht mehr unter dem Durchschnittsbereich, sondern in diesem Bereich liegen (ab 2,00 Watt/kg, bis 2,40 Watt/kg). Aufgrund des Gesundheitszustandes der Testperson ist es möglich, ihre maximale Wattleistung von 163 Watt auf 180 Watt binnen zwölf Wochen zu erhöhen. Durch ein kontinuierliches Ausdauertraining wird der Proband seine" kardiorespiratorische Ausdauer, also die Fähigkeit des Herz-Kreislauf- und Lungensystems, während der körperlichen Aktivität Sauerstoff zu liefern, ferner die skelett-muskuläre Ausdauer, die durch den Stoffwechsel und die Energiebereitstellung in der Muskulatur bestimmt wird" (Muster & Zielinski, 2006, S. 9), steigern. Ebenso wird der Kunde auch in Situationen des täglichen Lebens bemerken, dass sich seine Leistungsfähigkeit verbessert.

Dies führt zum zweiten Ziel des Kunden „Fit werden für den Alltag" zu werden, was für den Trainer eine Ruhepulssenkung (Herzfrequenz senken, Schlagvolumen erhöhen) bedeutet. Dieser Mechanismus bewirkt eine Ökonomisierung der Herzarbeit, da sich die Füllungsphase des Herzens und gleichzeitig die Phase der Koronardurchblutung verlängert und das Herz besser versorgt werden kann. Durch das verbesserte Herz-Kreislauf-System wird sich der Sportler deutlich „fitter" fühlen (Güllich & Krüger, 2013, S. 178). Die insgesamt 79 Schläge/min sollen in 10 Wochen um 5 Schläge reduziert werden, was realisierbar ist, wenn man beachtet, dass sich der Ruhepuls um ca. einen halben Schlag pro Woche senken lässt. Im gleichen Zug wird sich auch der Blutdruck des Probanden hin zu den Normwerten entwickeln. Dieser Effekt von Ausdauertraining wurde schon in einigen Studien wie beispielsweise von (Lamina & Okoye, 2011) oder (Ketelhut, Franz & Scholze, 1997) erwiesen.

Das letzte Ziel, welches ausgearbeitet wurde, ist: das Bewegungspensum der Testperson von 30 min/Woche auf 150 min/Woche zu steigern. Die (World Health Organization, 2000) empfiehlt Erwachsenen im Alter von 18-64 Jahren, sich mindestens 150 Minuten pro Woche mit moderater Intensität zu bewegen. Diese Zielsetzung werden wir er innerhalb von sechs Wochen realisieren können, da wir in der Trainingsplanung die Trainingshäufigkeit langsam erhöhen und somit auch der Trainingsumfang sowie die Trainingsdauer pro Woche steigt. Da der Kunde leichte Nackenverspannungen ausgesprochen hatte, kann das zusätzliche Training ein guter Ausgleich zu seiner sitzenden Berufstätigkeit sein und somit die auftretenden Verspannungen minimieren.

Die konkrete Festlegung von Zielen, die sich realistisch umsetzen lassen und zeitlich nicht zu lang- oder zu kurzfristig angesetzt sind, motivieren den Kunden für sein Training. Wenn die Ziele im angesetzten Zeitraum umgesetzt wurden, das heißt es wurden Erfolge sichtbar, steigert dies die Motivation. Diese ist auch in Zukunft wichtig, um das Training kontinuierlich (mit immer neuen Zielen) mit Spaß und Erfolg fortzusetzen.

3 TRAININGSPLANUNG MESOZYKLUS

Nachfolgend soll ein Mesozyklusplan in Grob- und Detailplanung, abgestimmt auf die im vorherigen Abschnitt gesetzten Ziele der Testperson, präsentiert und dessen Strukturen begründet werden.

3.1 Grobplanung Mesozyklus

Die Tabelle 10 zeigt die Grobplanung des Mesozyklusplan der Versuchsperson für den Zeitraum der nächsten sechs Wochen, in denen es vor allem um den Aufbau und die Verbesserung der Grundlagenausdauer (GA)1 gehen soll.

Tab. 10: Grobplanung Mesozyklus (eigene Darstellung)

Mesozyklus	
Dauer	6 Wochen
Trainingsziel	➤ Aufbau und Verbesserung der GA1 ➤ Bewegung pro Woche erhöhen (langsame Progression bis 150min/Woche)
Belastungsumfang/Woche	1-2,5 Stunden/ Woche (langsame Progression Ziel:150 Minuten/ Woche)
Trainingsmethoden	extensive Dauermethode (ext. DM)
Trainingsintensität	➤ 50-60% Hfmax (regenerativ/ ext. DM) ➤ 60-75% Hfmax (ext. DM)
Trainingshäufigkeit/Woche	2-3mal pro Woche
Dauer pro Trainingseinheit	➤ 30 min (regenerativ) ➤ 30-60 min (extensiv)
Trainingsgeräte/Bewegungsformen	Laufen Outdoor oder Laufband, Fahrrad,

3.2 Detailplanung Mesozyklus

Um die Detailplanung des Mesozyklus zu erstellen benötigen wir zuerst die maximale Herzfrequenz (Hfmax) des Probanden, um im Anschluss daran die jeweiligen Trainingsherzfrequenzen der einzelnen Trainingsintensitäten berechnen zu können. Das IPN-Konzept ist streng genommen nicht für einen Methodenmix vorgesehen, da lediglich eine Definition der Pulsobergrenze für ein aerobes Training über den Belastungsfaktor erfolgt. Deshalb wird im weiteren Verlauf, aufgrund der einfacheren Anwendung, mit der sogenannte ACSM-Formel (ACSM = American College of Sports Medicine) und nicht mit der IPN-Formel weitergearbeitet.

ACSM-Formel (Whaley & American College of Sports Medicine., 1995, S. 341):

> Trainingsherzfrequenz (Thf) = Hfmax x Intensität in %

- Hfmax Laufen= 220-Lebensalter (LA)
- Hfmax Fahrrad= 200-Lebensalter (LA)

Für unsere Testperson bedeutet das: Hfmax Laufen = 220-28 = 192 S/min

In der nun folgenden Tabelle wurde die Detailplanung der nächsten sechs Wochen für die Versuchsperson ausgearbeitet. Die Abkürzung Tr. steht hier für Training.

Tab. 11: Detailplanung Mesozyklus (eigene Darstellung)

Woche 1	Montag	Donnerstag		Woche 4	Montag	Mittwoch	Freitag
Tr.-Ziel	GA1	GA1		Tr.-Ziel	GA1	GA1	GA1
Tr.-Methode	extensive DM	extensive DM		Tr.-Methode	extensive DM	extensive DM	extensive DM
Tr.-Intensität	60-75% Hfmax	60-75% Hfmax		Tr.-Intensität	60-75% Hfmax	60-75% Hfmax	60-75% Hfmax
Tr.-Hf Ober-& Untergrenze	115 S/min 144 S/min	115 S/min 144 S/min		Tr.-Hf Ober-& Untergrenze	115 S/min 144 S/min	115 S/min 144 S/min	115 S/min 144 S/min
Tr.-Dauer	30 min	30 min		Tr.-Dauer	45 min	40 min	40 min
Tr.-Gerät	Laufband	Laufband		Tr.-Gerät	Laufband	Laufband	Laufband

Woche 2	Montag	Donnerstag		Woche 5	Montag	Mittwoch	Freitag
Tr.-Ziel	GA1	GA1		Tr.-Ziel	GA1	GA1	REKOM
Tr.-Methode	extensive DM	extensive DM		Tr.-Methode	extensive DM	extensive DM	extensive DM
Tr.-Intensität	60-75% Hfmax	60-75% Hfmax		Tr.-Intensität	65-70% Hfmax	60-75% Hfmax	50-60% Hfmax
Tr.-Hf Ober-& Untergrenze	115 S/min 144 S/min	115 S/min 144 S/min		Tr.-Hf Ober-& Untergrenze	115 S/min 144 S/min	115 S/min 144 S/min	96 S/min – 115 S/min
Tr.-Dauer	40 min	40 min		Tr.-Dauer	50 min	45 min	45 min
Tr.-Gerät	Laufband	Laufband		Tr.-Gerät	Laufband	Laufband	Laufband

Woche 3	Montag	Mittwoch	Freitag	Woche 6	Montag	Mittwoch	Freitag
Tr.-Ziel	GA1	GA1	REKOM	Tr.-Ziel	GA1	GA1	GA1
Tr.-Methode	extensive DM	extensive DM	extensive DM	Tr.-Methode	extensive DM	extensive DM	extensive DM
Tr.-Intensität	60-75% Hfmax	60-75% Hfmax	50-60% Hfmax	Tr.-Intensität	60-75% Hfmax	60-75% Hfmax	60-75% Hfmax
Tr.-Hf Ober-& Untergrenze	115 S/min 144 S/min	115 S/min 144 S/min	96 S/min – 115 S/min	Tr.-Hf Ober-& Untergrenze	115 S/min 144 S/min	115 S/min 144 S/min	115 S/min 144 S/min
Tr.-Dauer	45 min	40 min	30 min	Tr.-Dauer	55 min	45 min	50 min
Tr.-Gerät	Laufband	Laufband	Laufband	Tr.-Gerät	Laufband	Laufband	Laufband

3.3 Begründung zum Mesozyklus

In den folgenden Absätzen werden die Begründungen zum angestrebten Belastungsumfang, zu den ausgewählten Trainingsmethode, zur Belastungsprogression, zu den angesteuerten Trainingsbereichen und zu den ausgewählten Ausdauergeräten bzw. Bewegungsformen aufgeführt.

Der angestrebte Belastungsumfang orientiert sich in erster Linie an dem von der Testperson angegebenen zeitlichen Verfügungsrahmen. Dieser liegt bei 2-3mal wöchentlich und maximal 90 min pro Trainingseinheit bzw. mindestens 150 Minuten insgesamt pro Woche. Der Proband ist vorher einmal wöchentlich 30 min gejoggt, deshalb wird in der ersten Woche auch nur bei der Trainingshäufigkeit gesteigert, um einer Überbelastung vorzubeugen. Ab Woche zwei wird auch die Dauer der einzelnen Trainingseinheiten langsam gesteigert und ab Woche drei kommt ein dritter Trainingstag hinzu, da Freizeitsportler sich mindestens dreimal wöchentlich sportlich betätigen sollten, um einen deutlichen Leistungszuwachs zu verzeichnen (Wehrlin & Held, 2001, S. 210). In der dritten sowie fünften Trainingswoche wird jeweils eine REKOM-Einheit in das Training mit eingebaut. Diese beschreiben ein Training im Regenerations- und Kompensationsbereich und gewährleistet eine Entlastung in den Wochen mit höherer Umfangsteigerung. In der sechsten Woche wird dann das gesetzte Ziel der 150 Bewegungsminuten/Woche erreicht. Dieses Mindestmaß an moderater Aktivität wurde von der (World Health Organization, 2000) festgelegt und dient unserem Probanden außerdem als gelungenen Ausgleich zu seiner sitzenden Tätigkeit als Bankkaufmann. Die Auswahl des Trainingsgeräts bzw. der Bewegungsform wurde auch mit Hinblick auf den beruflichen Alltag der Versuchsperson ausgewählt. Um im Training eine aufrechte Haltung einzunehmen, wurde die Bewegungsform Laufen ausgewählt. Der Kunde kannte diesen Bewegungsablauf schon durch sein vorheriges Training und ist auch schon mit einem Laufband vertraut, was ihm den Einstieg in das planmäßige Ausdauertraining erleichtert. Grundsätzlich gilt aber, dass alle zyklischen Bewegungsformen für das Ausdauertraining geeignet sind, sofern mehr als 1/6 der Skelettmuskulatur verwendet werden (Zintl & Eisenhut, 2009, S. 143).

Die Trainingstage wurden zur besseren Orientierung und Durchführung auf genaue Wochentage definiert. Hierbei wurde darauf geachtet, dass sich zwischen den Trainingseinheiten mindestens 24 Stunden Regenerationszeit befinden, um den Anfänger nicht zu überfordern.

In Tab.12 wird der Trainingsumfang pro Woche nochmal zusammengefasst dargestellt. Hierbei sieht man auch die stetige Belastungssteigerung von Woche zu Woche.

Tab. 12: Gesamter Trainingsumfang pro Woche (eigene Darstellung)

Wochen mit 2 Trainingseinheiten			Wochen mit 3 Trainingseinheiten		
Woche 1	Woche 2	Woche 3	Woche 4	Woche 5	Woche 6
60 min	80 min	115 min	125 min	140 min	150 min

Ein wichtiger Punkt bei der Planung der Belastungsprogression ist es, dass zuerst die Trainingshäufigkeit gesteigert wird, im Anschluss der Umfang und abschließend die Trainingsintensität. Wird diese Aussage mit Tabelle 11 justiert, wird ersichtlich, dass dieses Prinzip eingehalten wurde.

Trainingswirksame Reize werden ab einer Intensität von 60-75 % der Hfmax erreicht: dadurch wird sowohl eine ökonomischere Herzarbeit gefördert, als auch präventiv ein Herzinfarktrisiko gesenkt. Weitere Anpassungen sind eine Verbesserung der peripheren Durchblutung und eine Erweiterung der aeroben Kapazitäten, sowie eine Verbesserung im Bereich des Fettstoffwechsels (Zintl & Eisenhut, 2009, S. 119). Diese Adaptationen können dem Kunden auch zu einer Gewichtsreduktion und somit zu einem verbesserten BMI-Wert verhelfen. Dies wiederum wird sich im Alltag durch eine verbesserte Leistungsfähigkeit zeigen.

Im erstellten Mesozyklus der Testperson ist die oberste Zielsetzung der Aufbau und die Stabilisation die GA1. Hierfür wird die extensive Dauermethode bevorzugt, welche sich durch eine geringe Belastungsintensität sowie einem verhältnismäßig langem Belastungszeitraum kennzeichnet. Die Versuchsperson befindet sich damit während des Trainings unter bis an ihrer aeroben Schwelle, was völlig ausreichend ist, da sie ein unterdurchschnittliches Leistungsniveau der Ausdauer aufweist.

Durch den Einsatz von REKOM-Einheiten, welche ebenfalls zu der extensiven Dauermethode gehören, wird die Regeneration aktiv unterstützt und die Belastbarkeit für nachfolgenden Trainingseinheiten erhöht (Zintl & Eisenhut, 2009, 19f). Diese Einheiten sind für den Proband von großer Bedeutung, um ihn im Hinblick auf seinen hochnormalen Blutdruck nicht zu überlasten. Sobald sich dieser verbessert hat, kann man weitere Trainingsbereiche ansteuern.

All diese Parameter, die Teil der Trainingsplanung sind, können und müssen nach dem Zeitraum dieses Mesozyklus angepasst werden. Nachdem der Kunde sechs Wochen erfolgreich trainiert hat, wird er erneut den H&V-Test durchlaufen und erfahren, ob er seine Ziele erreicht hat. Auf Basis dieser neuen Daten wird dann der nächste Mesozyklus geplant.

4 LITERATURRECHERCHE

Im Folgenden hat sich der Verfasser mit zwei wissenschaftlichen Studien zum Thema „Effekte des Ausdauertrainings bei arterieller Hypertonie" beschäftigt, welche in der folgenden Tabelle gegenübergestellt werden.

Tab. 13 Literaturrecherche (eigene Darstellung)

	Studie 1	Studie 2
Name der Studie	Efficacy and position of endurance training as a non-drug therapy in the treatment of arterial hypertension(Ketelhut et al., 1997)	Effect of interval training program on white blood cell count in the management of hypertension (Lamina & Okoye, 2011)
Autor	Ketelhut, R. G.; Franz, I. W.; Scholze, J.	Lamina, S. & Okoye C.G.
Erscheinungsjahr	1997	2011

Versuchspersonen	• 10 männliche Probanden mit einer leichten Hypertonie (151-162mmHg systolisch zu 96-103mmHg diastolisch)
	• Keine Kotrollgruppe
	• Durchschnittsalter von 43,3 (+/- 3) Jahren
	• Bis zum Zeitpunkt der Studie haben alle Testpersonen 10 Jahre lang auf regelmäßige sportliche Betätigung verzichtet
		• 245 männliche Probanden mit einer Hypertonie der Stufe 1 und 2 (systolischer Blutdruck zwischen 140-180 mmHg und diastolischer Blutdruck zwischen 90-109 mmHg)
		• Teilnehmer nahmen blutdrucksenkende Medikamente ein
		
		Einteilung in zwei Gruppen:
		• Gruppe 1:
		  ➢ Intervallgruppe mit 140 Personen
		  ➢ Durchschnittsalter von 58,9 (+/- 7,35) Jahren
		• Gruppe 2:
		  ➢ Kontrollgruppe mit 105 Personen
		  ➢ Durchschnittsalter von 58,27 (+/- 6,24) Jahren

Versuchsaufbau	• Die Teilnehmer absolvierten an zwei Tagen der Woche ein 60minütiges aerobes Ausdauertraining über 18 Monate hinweg • Trainingsintensität entsprach 70% der Hfmax (Messung mit Hilfe von Pulsuhren während dem Training)	Gruppe 1: • 8 Wochen Intervalltraining auf einem Radergometer mit einer Hfmax - Reserve von 69% bis 79% • Trainingsumfang in den ersten 2 Wochen entsprach 45 min und in den darauffolgenden Wochen 60 min. • Trittfrequenz entsprach 50 U/min

	Studie 1	Studie 2
	• Trainingsstrecke entsprach zu Beginn 1km und gegen Ende der Studie 10km • Der Blutdruck (systolisch und diastolisch) und die Herzfrequenz wurden während den folgenden Gegebenheiten gemessen: ➤ Für die Dauer des 24-Stunden-Blutdrucküberwachung ➤ Während eines Kältedrucktests ➤ Bei Belastung auf dem Fahrradergometer (50 bis hin zu 100 Watt) ➤ Bei isometrischem Training • Re-Test nach 18 Monaten zu den oben genannten Situationen	Gruppe 2: • 8 Wochen keine sportliche Aktivität Folgende Parameter wurden erfasst: • Systolisch und diastolischer Blutdruck • Maximale Sauerstoffaufnahme (VO2max) • Anzahl der Leukozyten
Ergebnisse	• Signifikante Verbesserung der Blutdruckwerte nach 18 Monaten (133-147mmHg zu 91-98mmHg) • Auch zu den oben beschriebenen Situationen hat sich der Blutdruck gesenkt	• Bei der Trainingsgruppe konnten signifikante Verbesserungen bei den erfassten Parametern (Blutdruck, VO2max und Leukozytenzahl) ermittelt werden
Schlussfolgerung	• Ein langfristiges aerobes Training führt bei Hypertonikern zu einer effektiven Abnahme des systolischen und diastolischen Blutdrucks • Aerobes Training ist somit auf lange Sicht vergleichbar mit einer medikamentösen Therapie bei männlichen Probanden	• Durch die Verringerung der Entzündungsreaktion (Leukozyten-Anzahl) lässt sich auch ein therapeutischer Effekt des Programms feststellen • Das Intervalltrainingsprogramm ist somit eine effektive nichtmedikamentöses Ergänzung gegen Bluthochdruck bei Männern

5 LITERATURVERZEICHNIS

Eifler, C. & Kettenis, L. (2020). *Studienbrief Trainingslehre II (rev.23.040.000)*. Deutsche Hochschule für Prävention und Gesundheitsmanagement., Saarbrücken.

Güllich, A. & Krüger, M. (Hrsg.). (2013). *Sport. Das Lehrbuch für das Sportstudium* (Bachelor, 1. Aufl.). Berlin, Heidelberg: Springer Berlin Heidelberg.

Institut für Prävention und Nachsorge. (2004). *IPN-Test - Ausdauertest für den Fitness-und Gesundheitssport*. Köln: Institut für Prävention und Nachsorge (IPN).

Ketelhut, R. G., Franz, I. W. & Scholze, J. (1997). Efficacy and position of endurance training as a non-drug therapy in the treatment of arterial hypertension. *Journal of Human Hypertension, 11*(10), 651–655. https://doi.org/10.1038/sj.jhh.1000507

Lamina, S. & Okoye, C. G. (2011). Effect of interval training program on white blood cell count in the management of hypertension: A randomized controlled study. *Nigerian Medical Journal : Journal of the Nigeria Medical Association, 52*(4), 271–277. https://doi.org/10.4103/0300-1652.93803

Mancia, G., Fagard, R., Narkiewicz, K., Redón, J., Zanchetti, A., Böhm, M. et al. (2013). 2013 ESH/ESC Guidelines for the management of arterial hypertension: the Task Force for the management of arterial hypertension of the European Society of Hypertension (ESH) and of the European Society of Cardiology (ESC). *Journal of Hypertension, 31*(7), 1281–1357.

Muster, M. & Zielinski, R. (2006). *Bewegung und Gesundheit. Gesicherte Effekte von körperlicher Aktivität und Ausdauertraining* (Springer E-book Collection). Darmstadt: Steinkopff.

Steinacker, J. M. & Liu, Y. & Reißnecker, S. (2002). Abbruchkriterien bei der Ergometrie. *Deutsche Zeitschrift für Sportmedizin, 53*(7-8), 228–229.

Trunz, E. (2001). *IPN-Test®–Ausdauertest für den Fitness-und Gesundheitssport*. Köln.

Wehrlin, J. & Held, T. (2001). Fitness durch Ausdauertraining--Bedeutung der individuellen Planung. *Therapeutische Umschau* [Endurance training for fitness--role of individualized training program], *58*(4), 206–212. https://doi.org/10.1024/0040-5930.58.4.206

Whaley, M. H. & American College of Sports Medicine. (1995). *ACSM's guidelines for exercise testing and prescription* (5. ed.). Baltimore: Williams & Wilkins. Retrieved from http://worldcatlibraries.org/wcpa/oclc/726481312

World Health Organization. (2000). *Obesity - Preventing and Managing the Global Epidemic. Report on a WHO Consultation*. Geneva: World Health Organization.

Zintl, F. & Eisenhut, A. (2009). *Ausdauertraining. Grundlagen, Methoden, Trainings-steuerung* (BLV Sportwissen, [7., überarb. Aufl., Neuausg.]. München: blv-Buch-verl.

6 LESEEMPFEHLUNG

Eisenhut, A. (2014). *Ausdauertraining. Grundlagen Methoden Trainingssteuerung* (1st ed.). München: BLV Buchverlag. Verfügbar unter: https://ebookcentral.proqu-est.com/lib/kxp/detail.action?docID=4713118

Höltke, V. (2003). *Grundlagen und Prinzipien des sportlichen Trainings*. Krankenhaus für Sportverletzte Hellersen / Abteilung für Sportmedizin.

MacKenzie, B. & Cordoza, G. (2016). *Kraft, Schnelligkeit, Ausdauer. Die Revolution des Ausdauertrainings* (1. Aufl.). s.l.: riva Verlag. Verfügbar unter: http://site.ebrary.com/lib/tubraunschweig/docDetail.action?docID=11212231

Martin, D., Carl, K. & Lehnertz, K. (1993). *Handbuch Trainingslehre* (Beiträge zur Lehre und Forschung im Sport, Bd. 100, 2., unveränd. Aufl.). Schorndorf: Hofmann.

Mathias, D. (2018). *Fit und gesund von 1 bis Hundert. Ernährung und Bewegung Aktu-elles medizinisches Wissen zur Gesundheit* (4., vollständig aktualisierte und erwei-terte Auflage). Berlin, Germany: Springer.

Zintl, F. (1997). *Ausdauertraining. Grundlagen, Methoden, Trainingssteuerung* (BLV-Sportwissen, 4. Aufl.). München: BLV.

7 TABELLENVERZEICHNIS